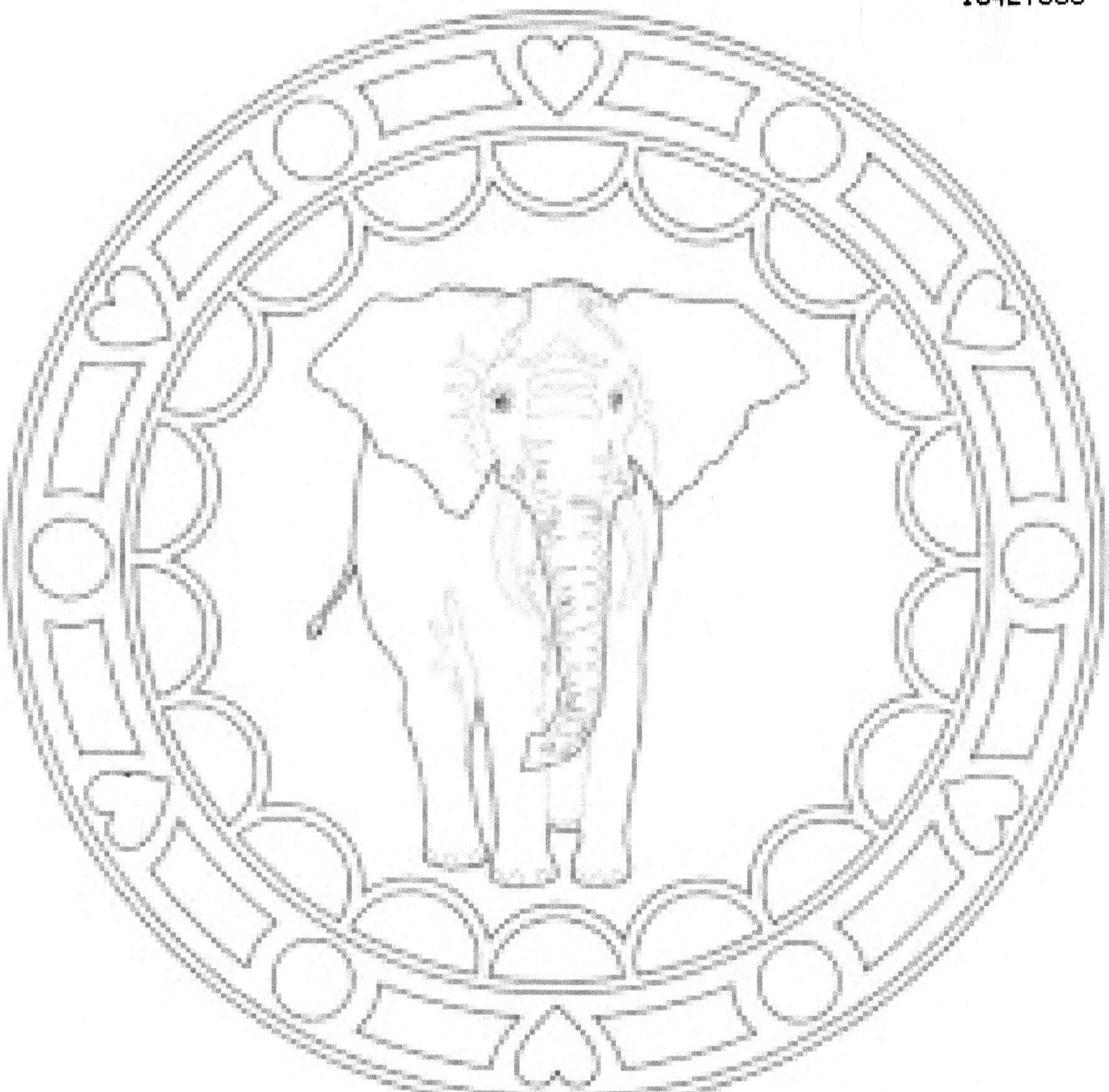

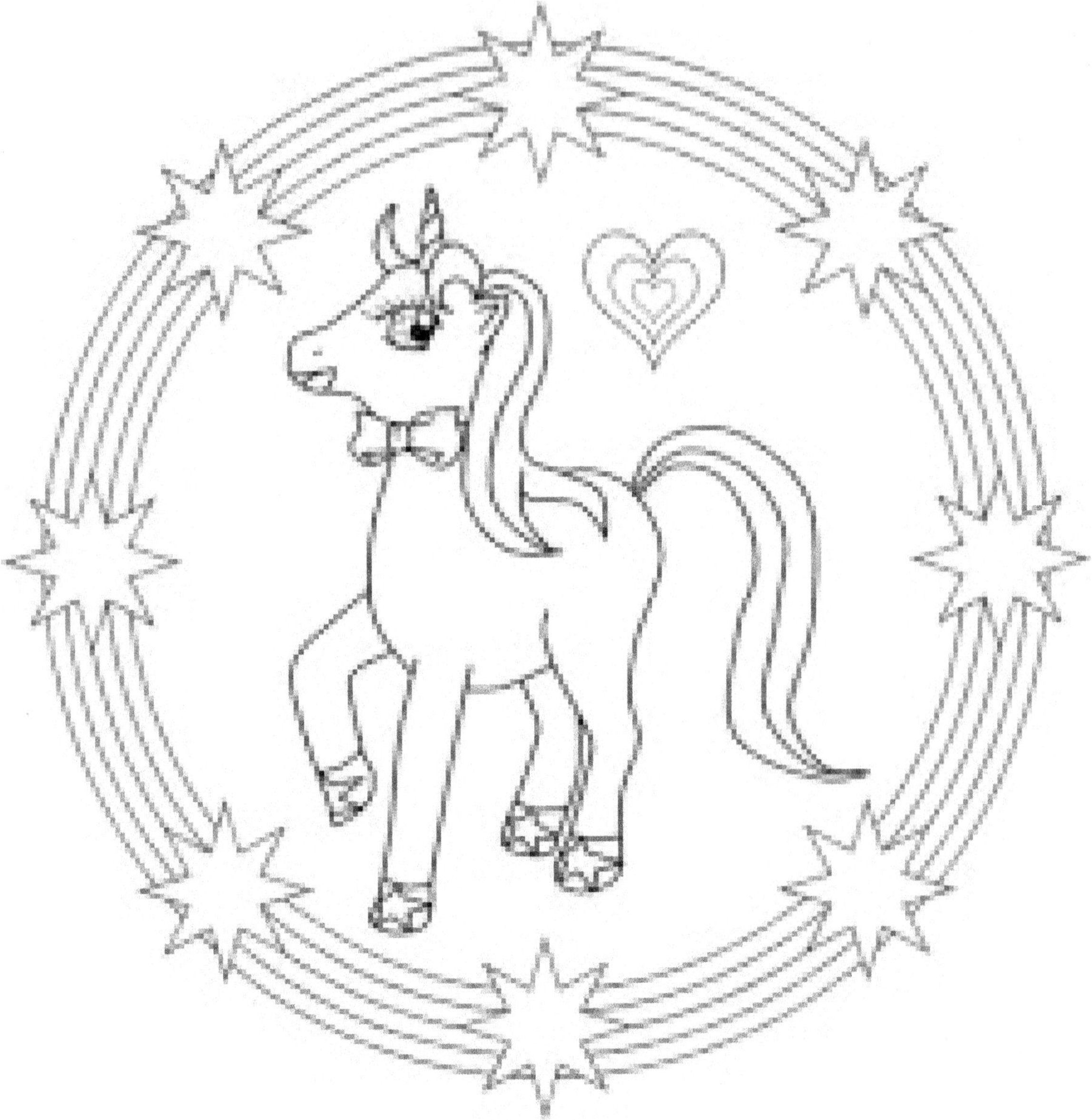

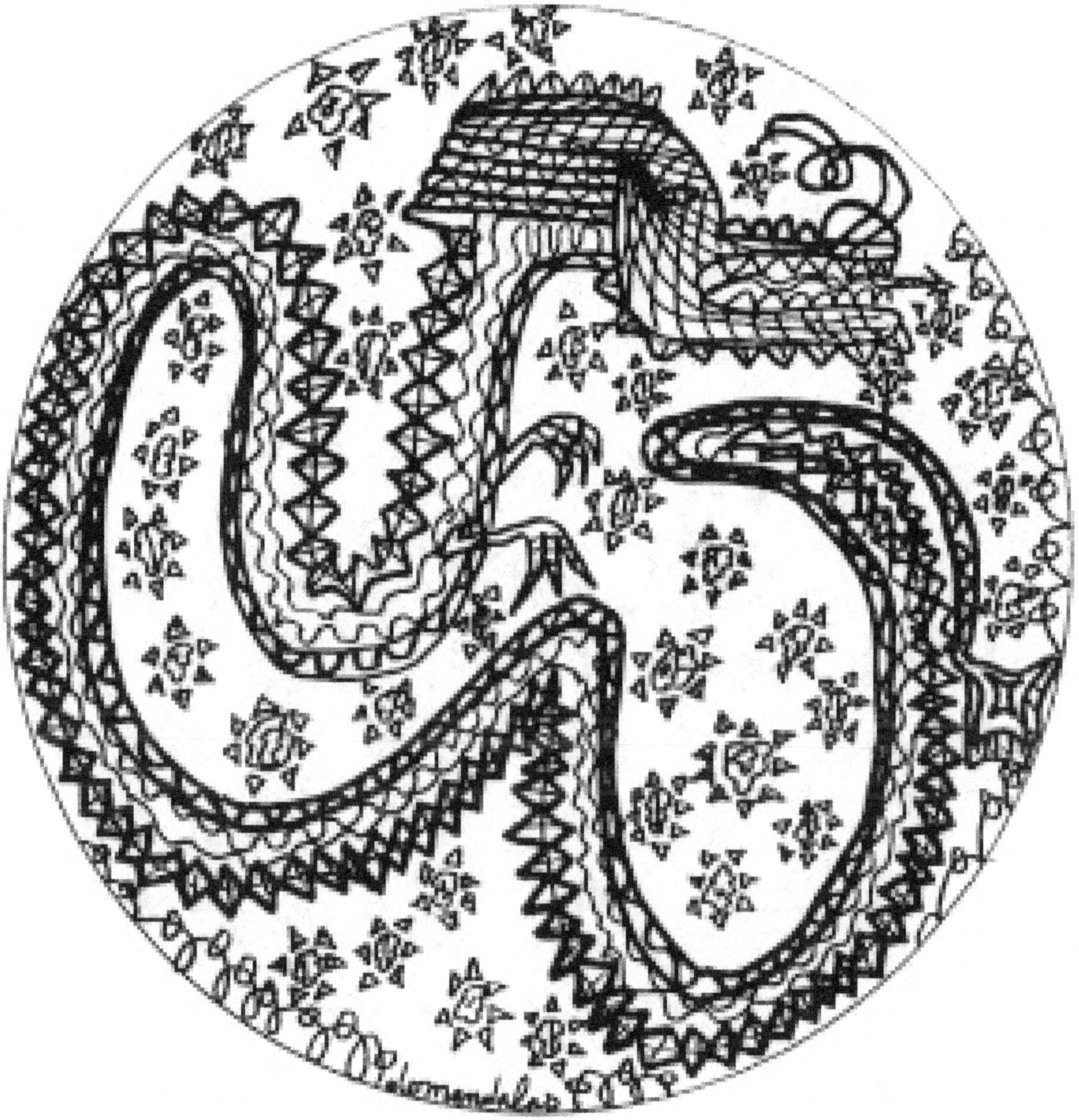

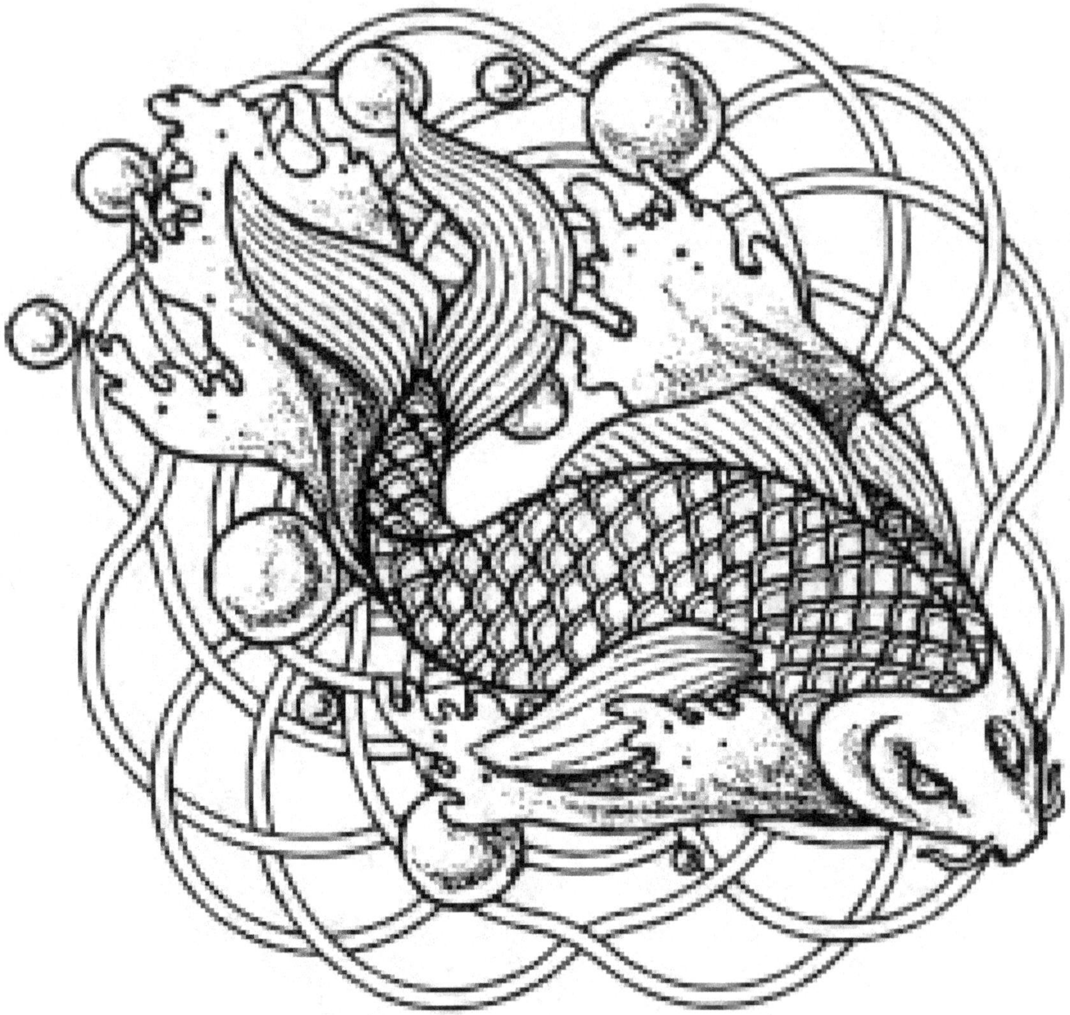

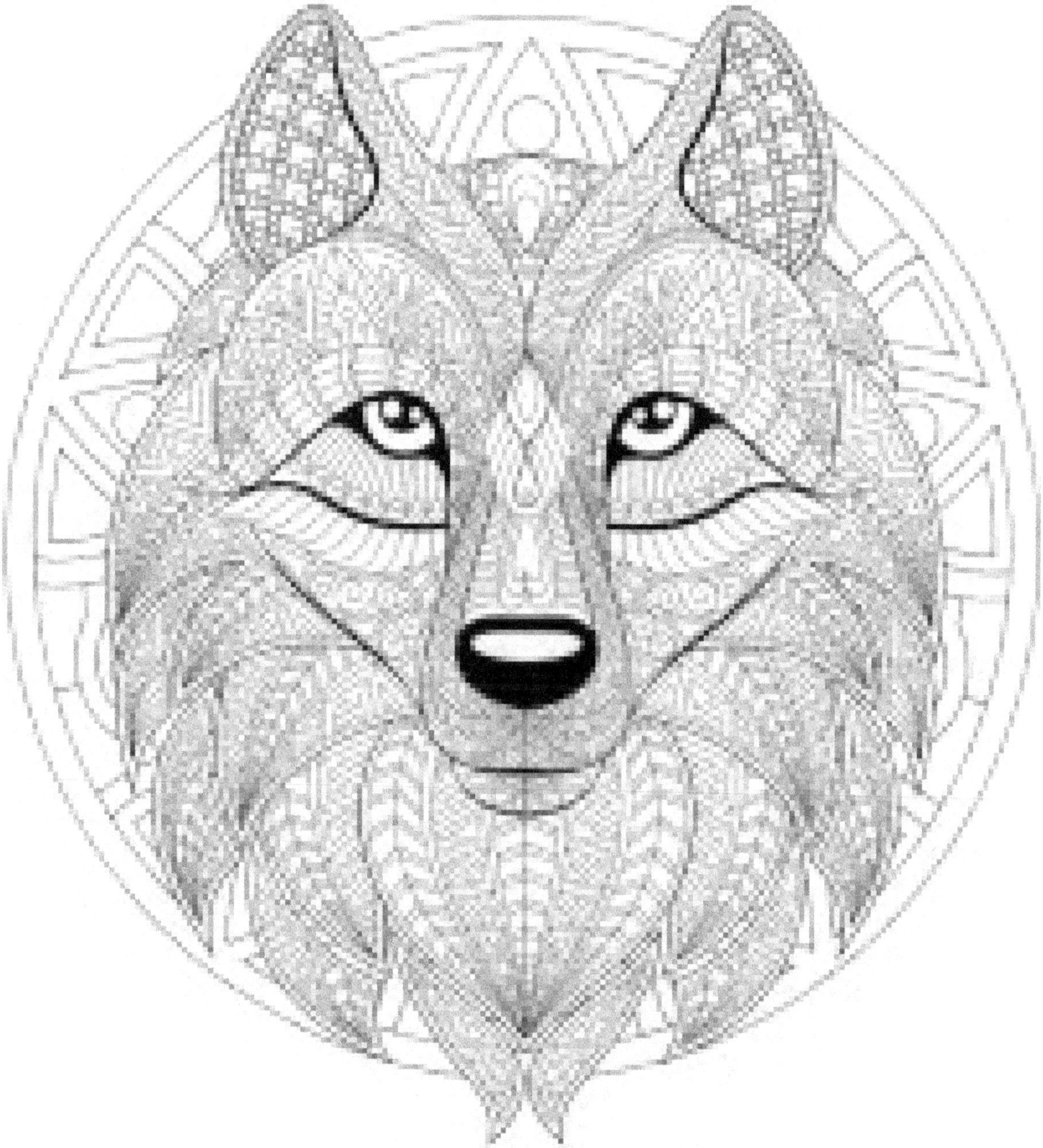

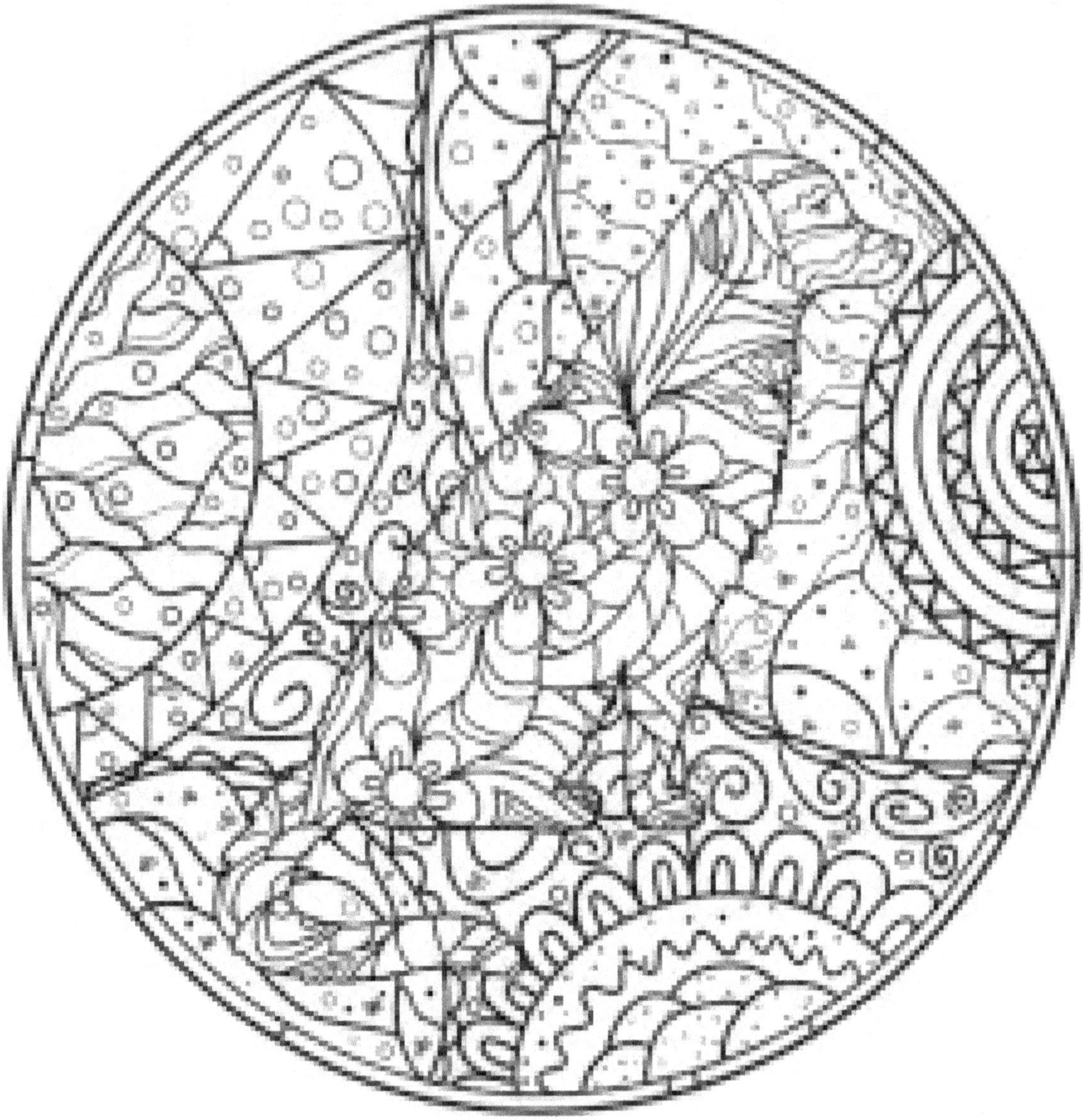

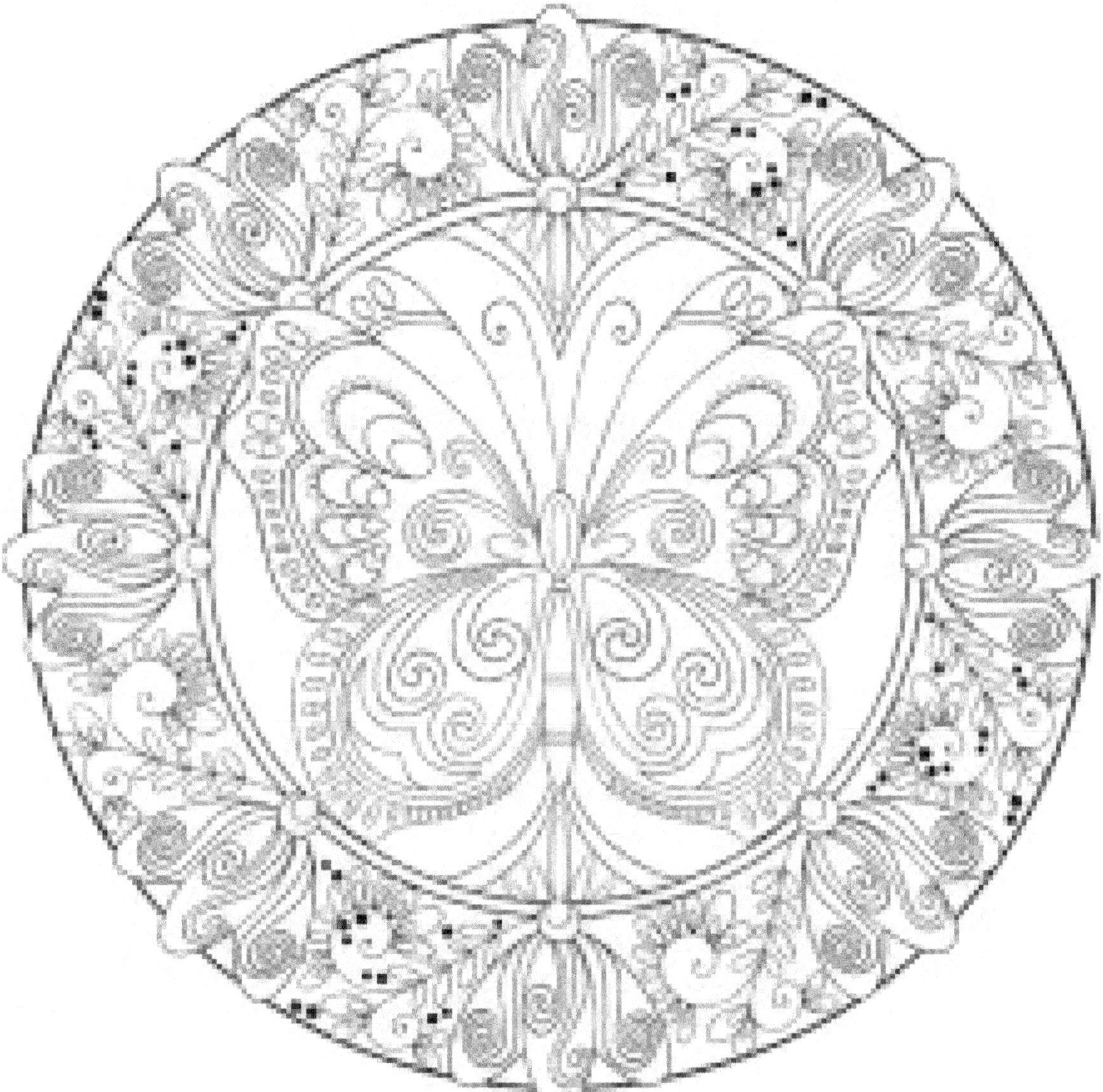

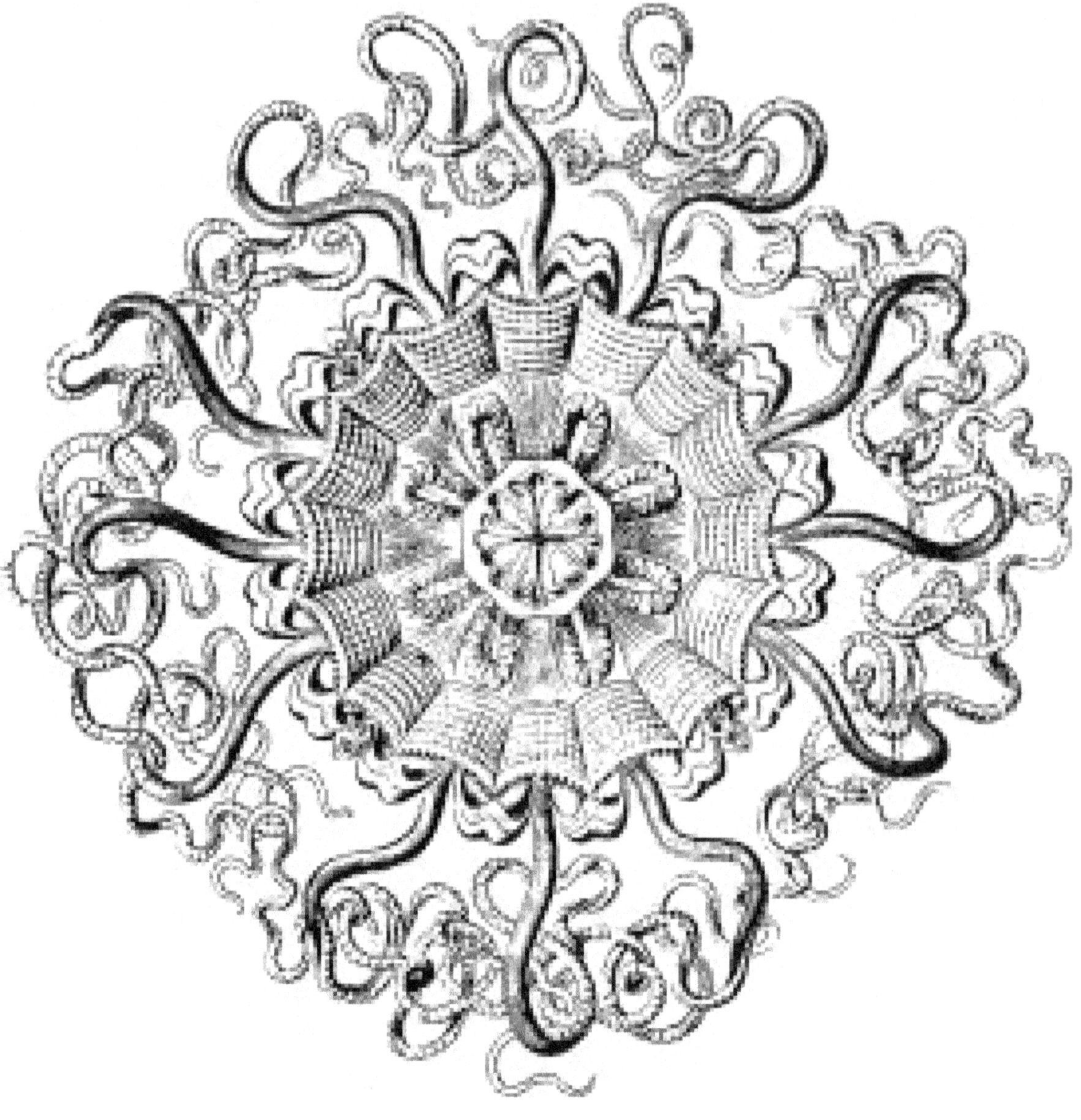

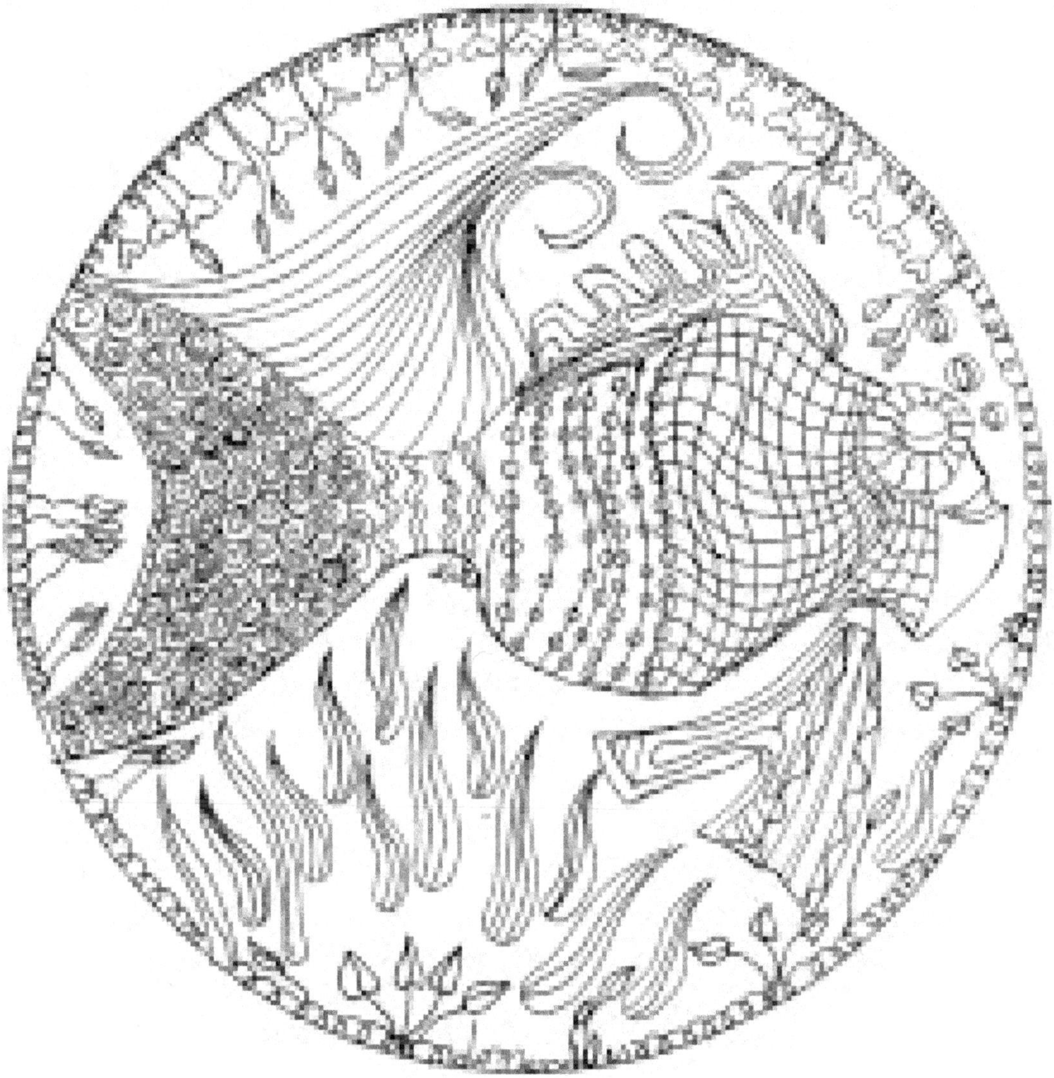

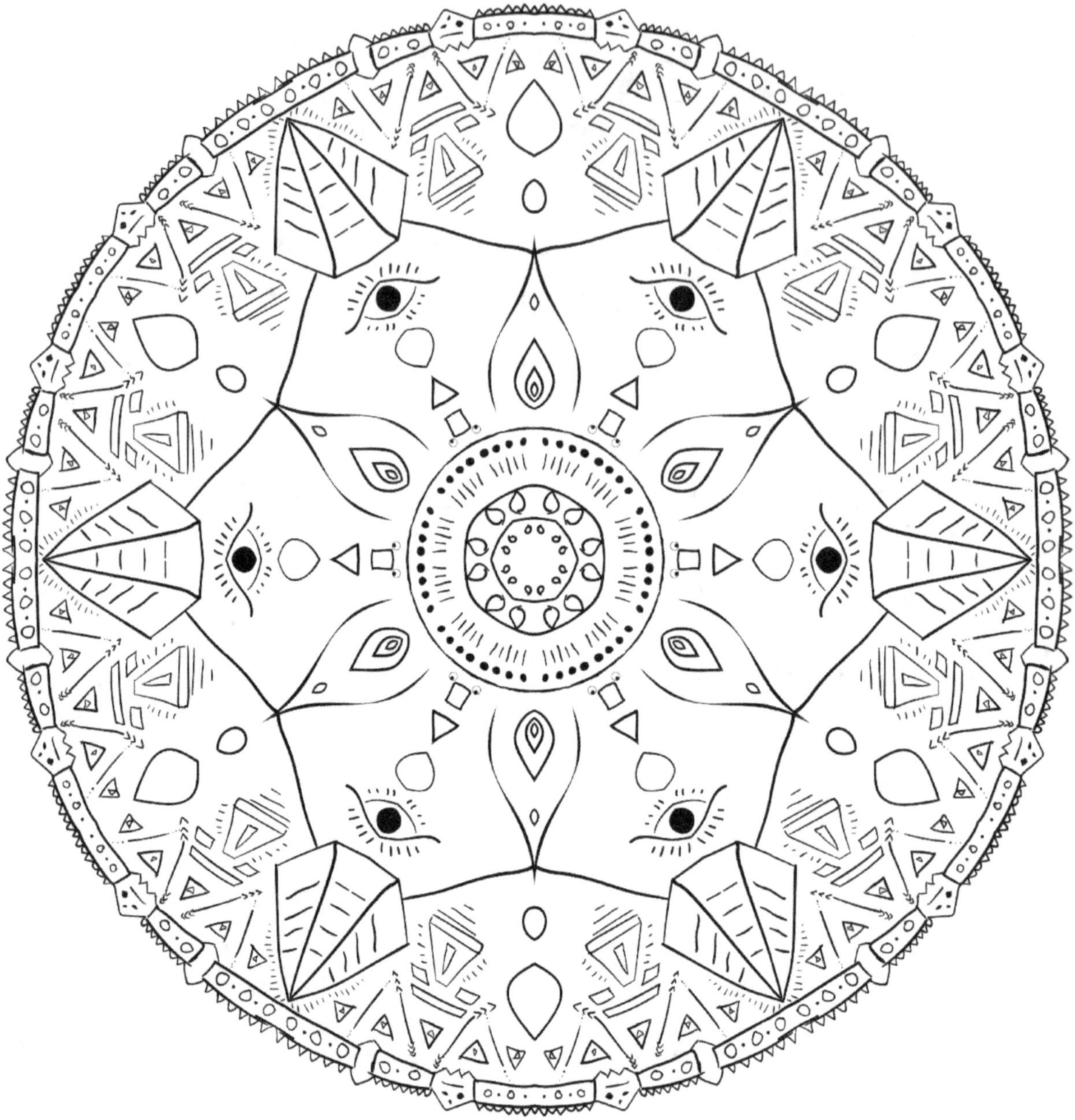

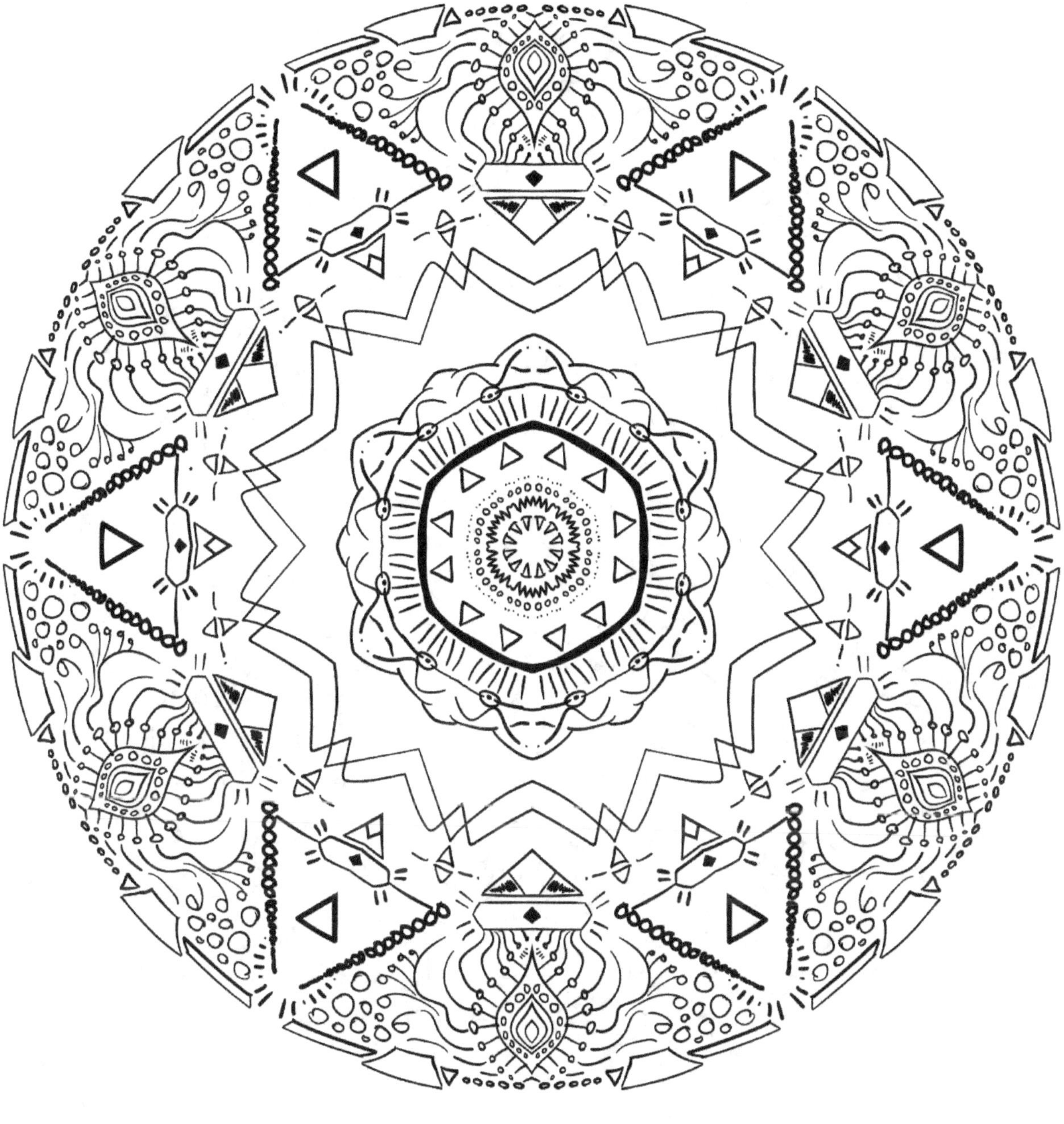

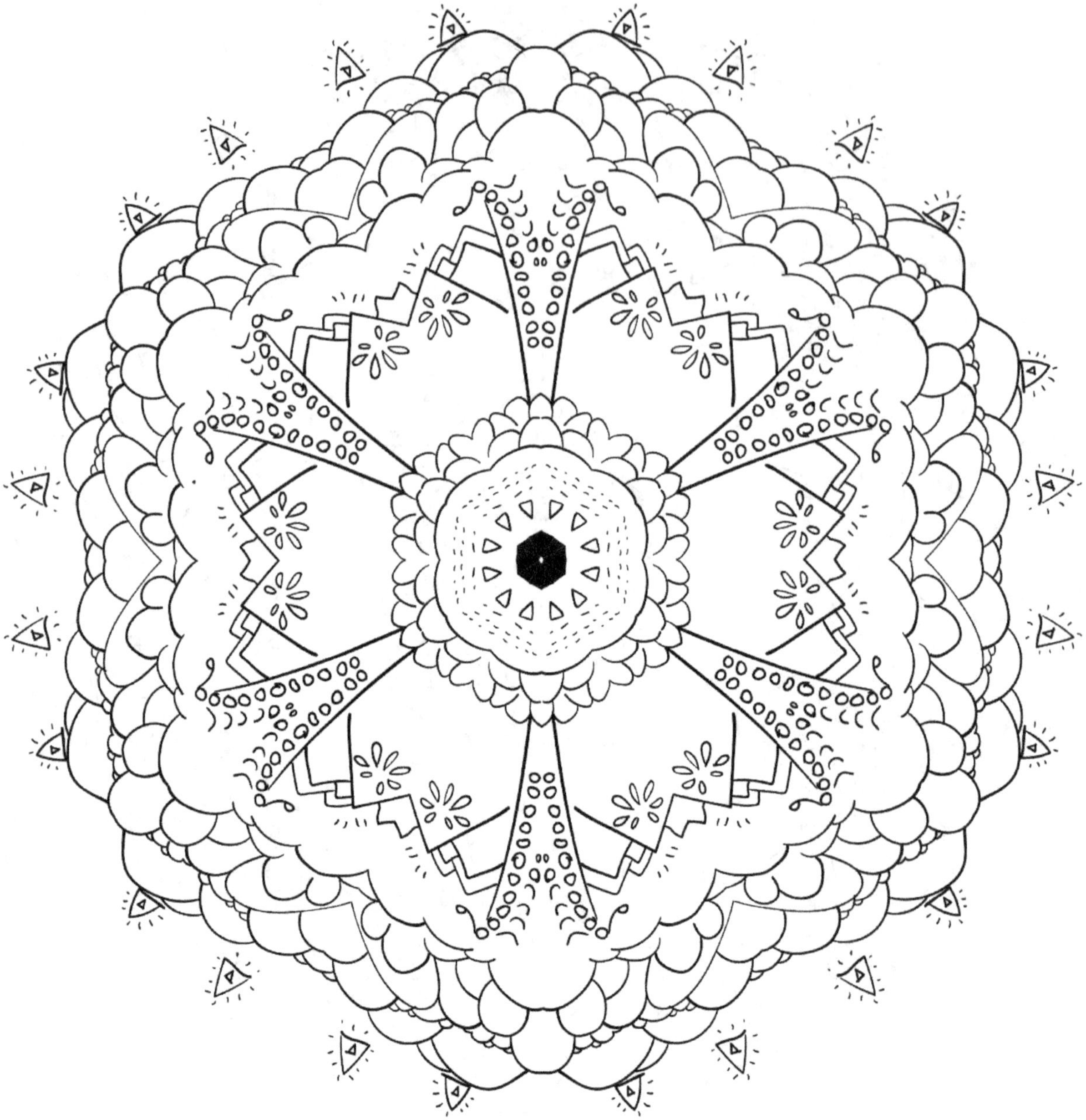

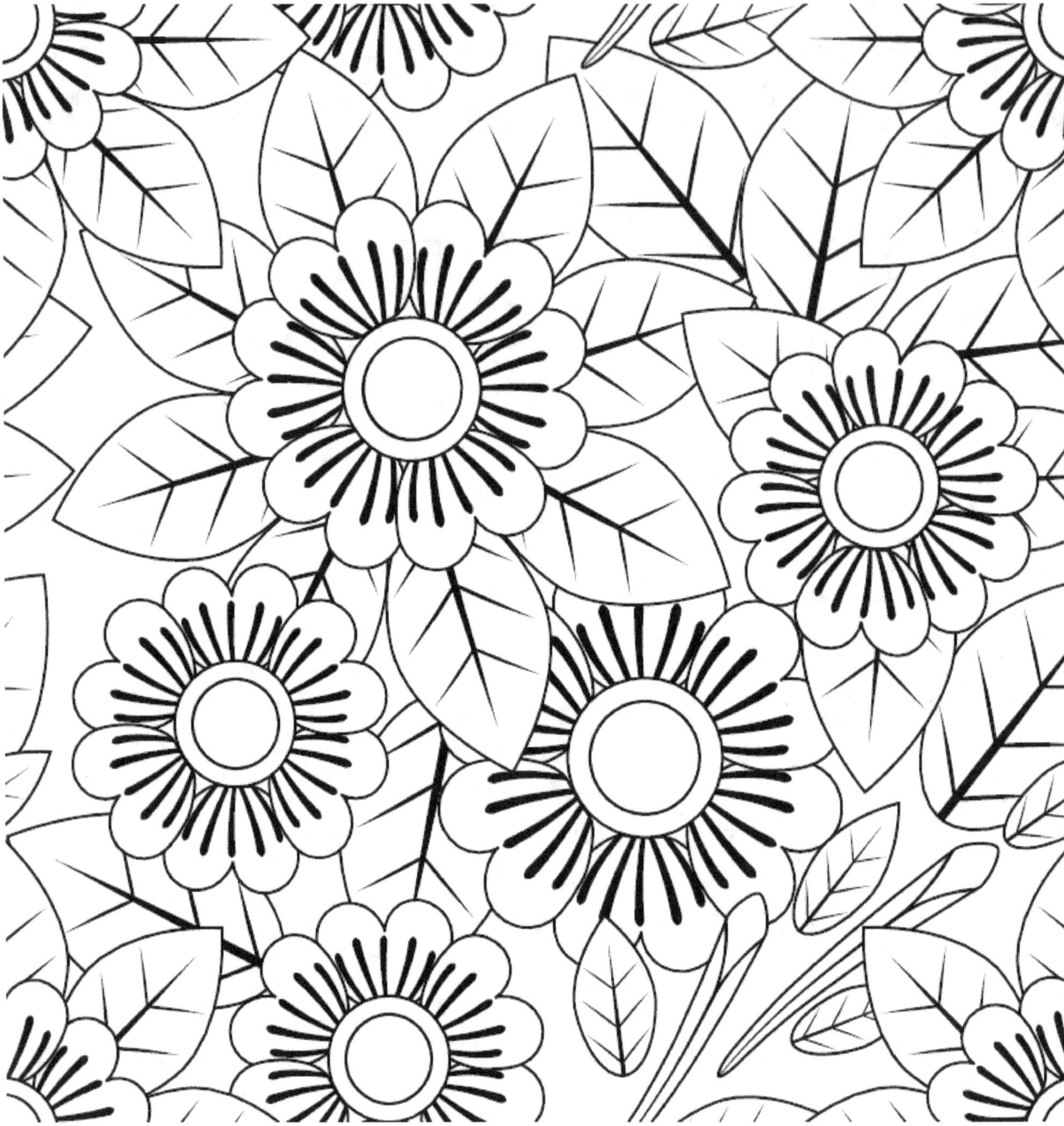

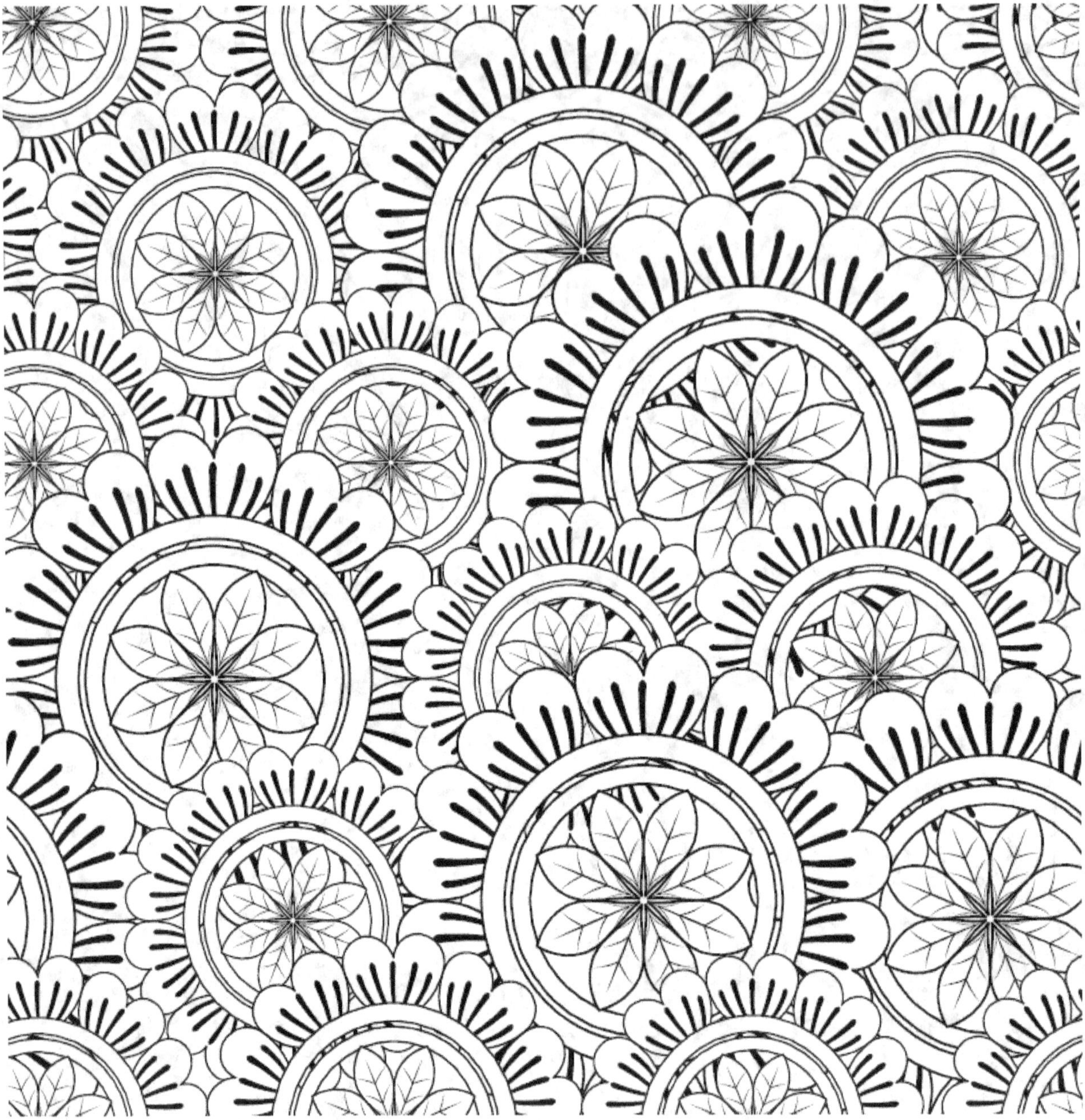

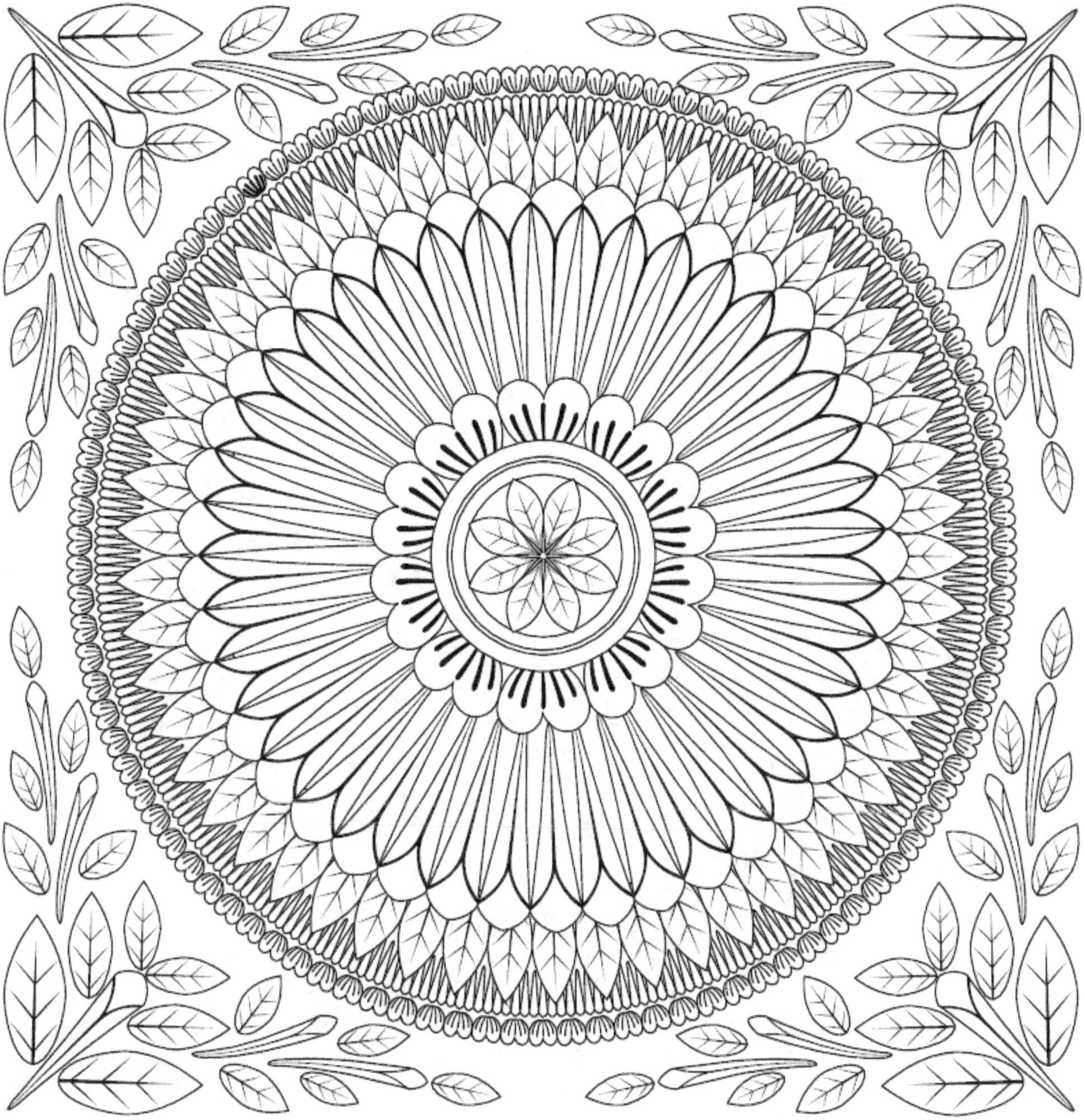

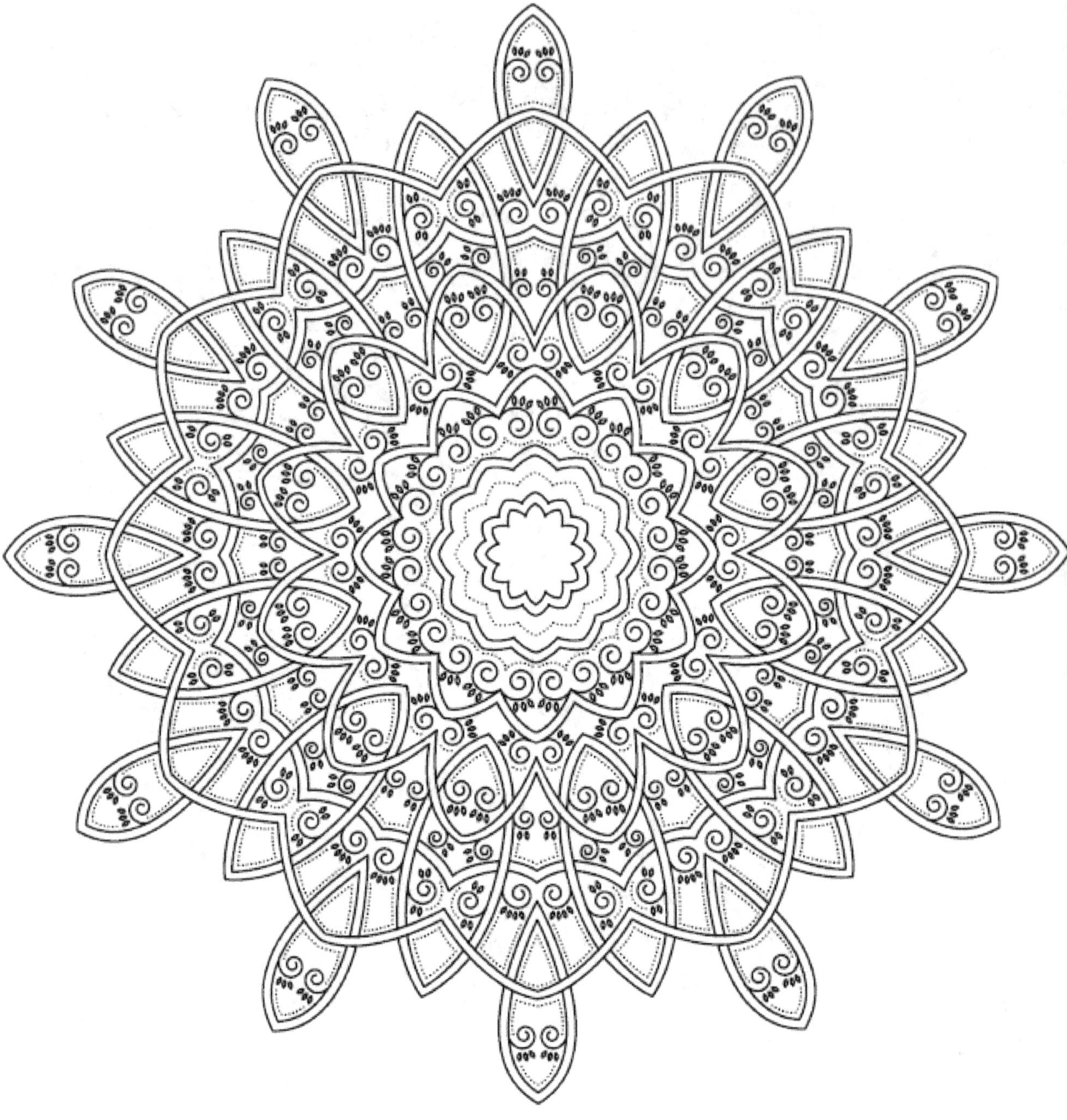

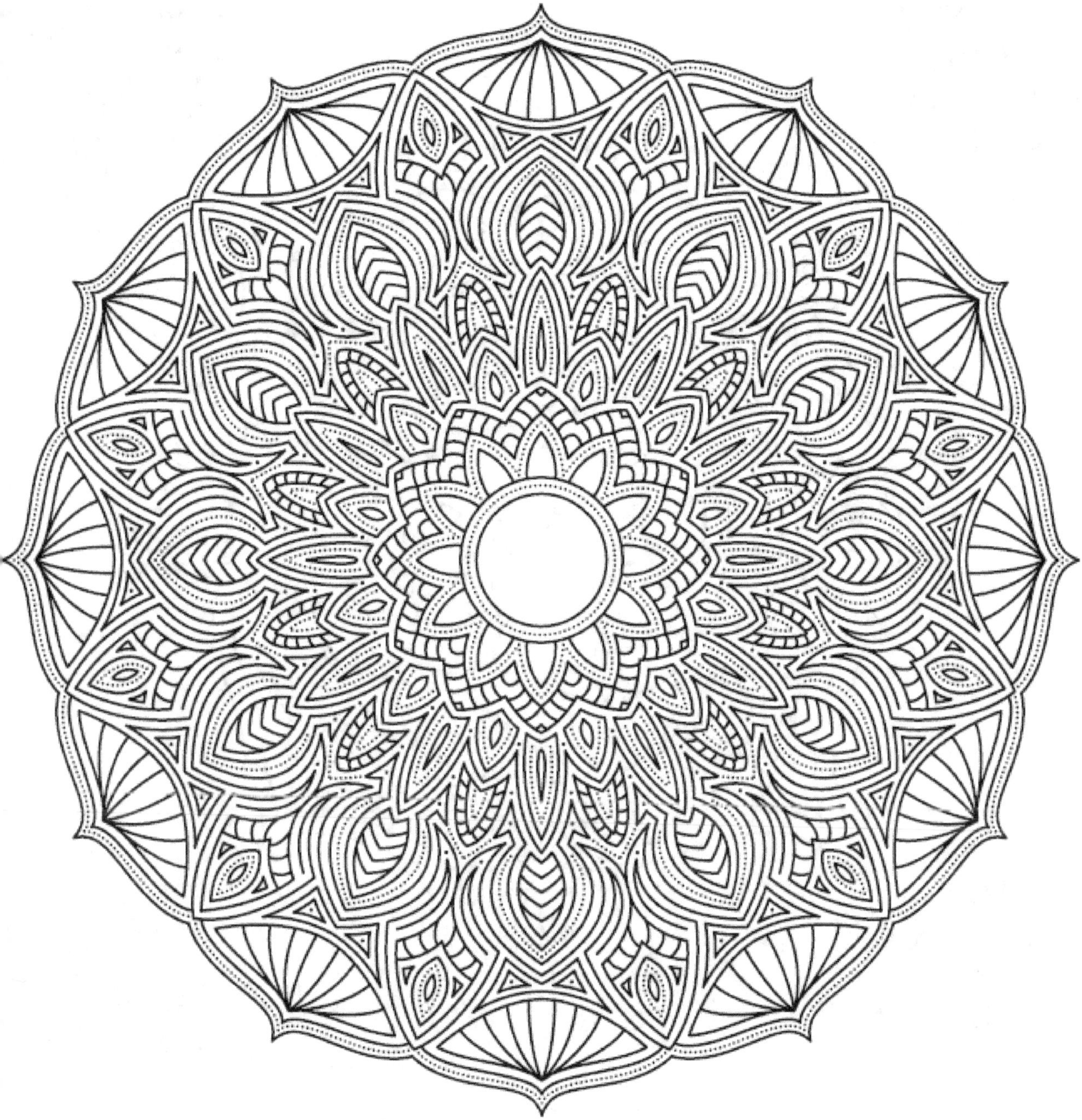

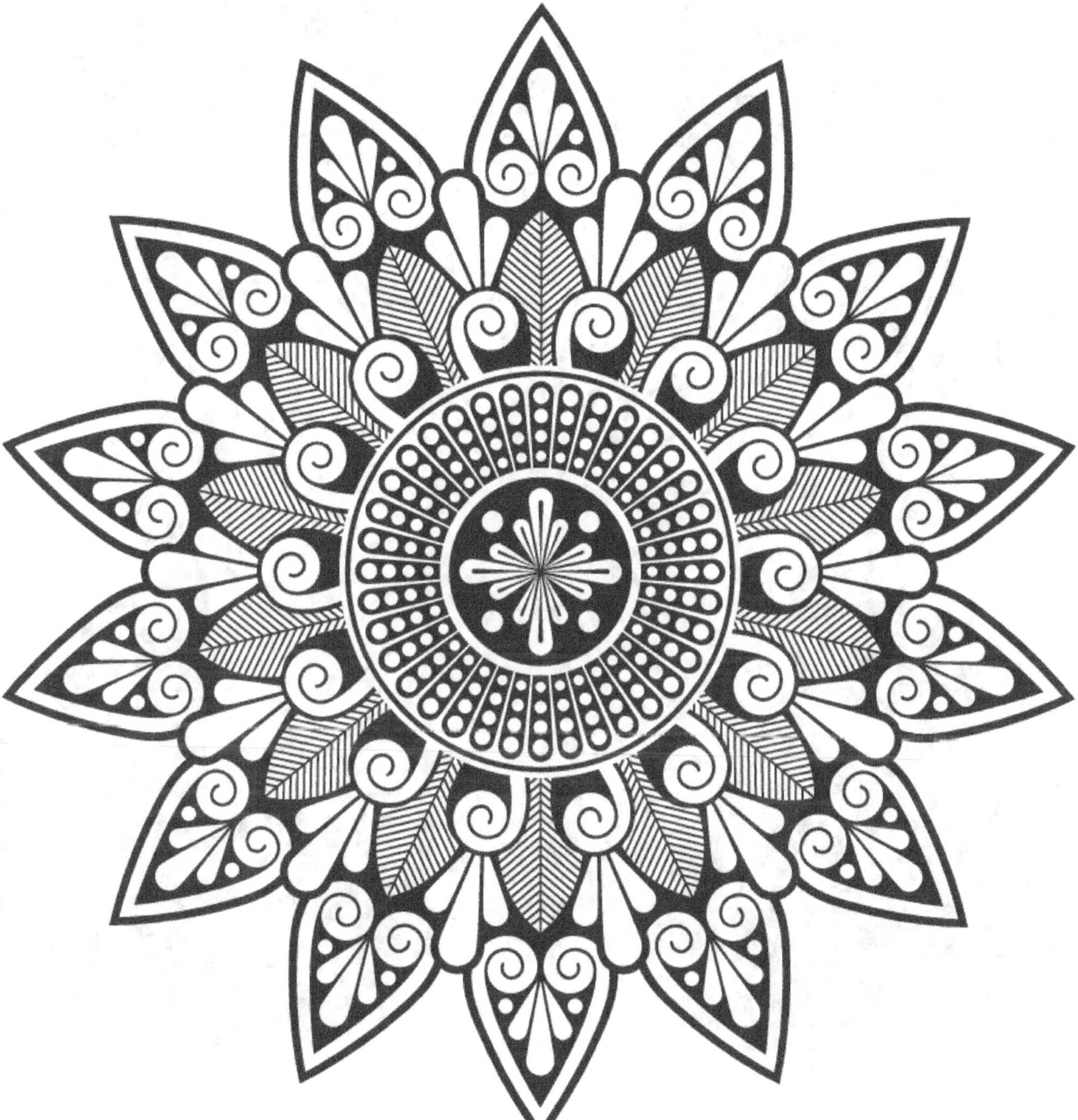

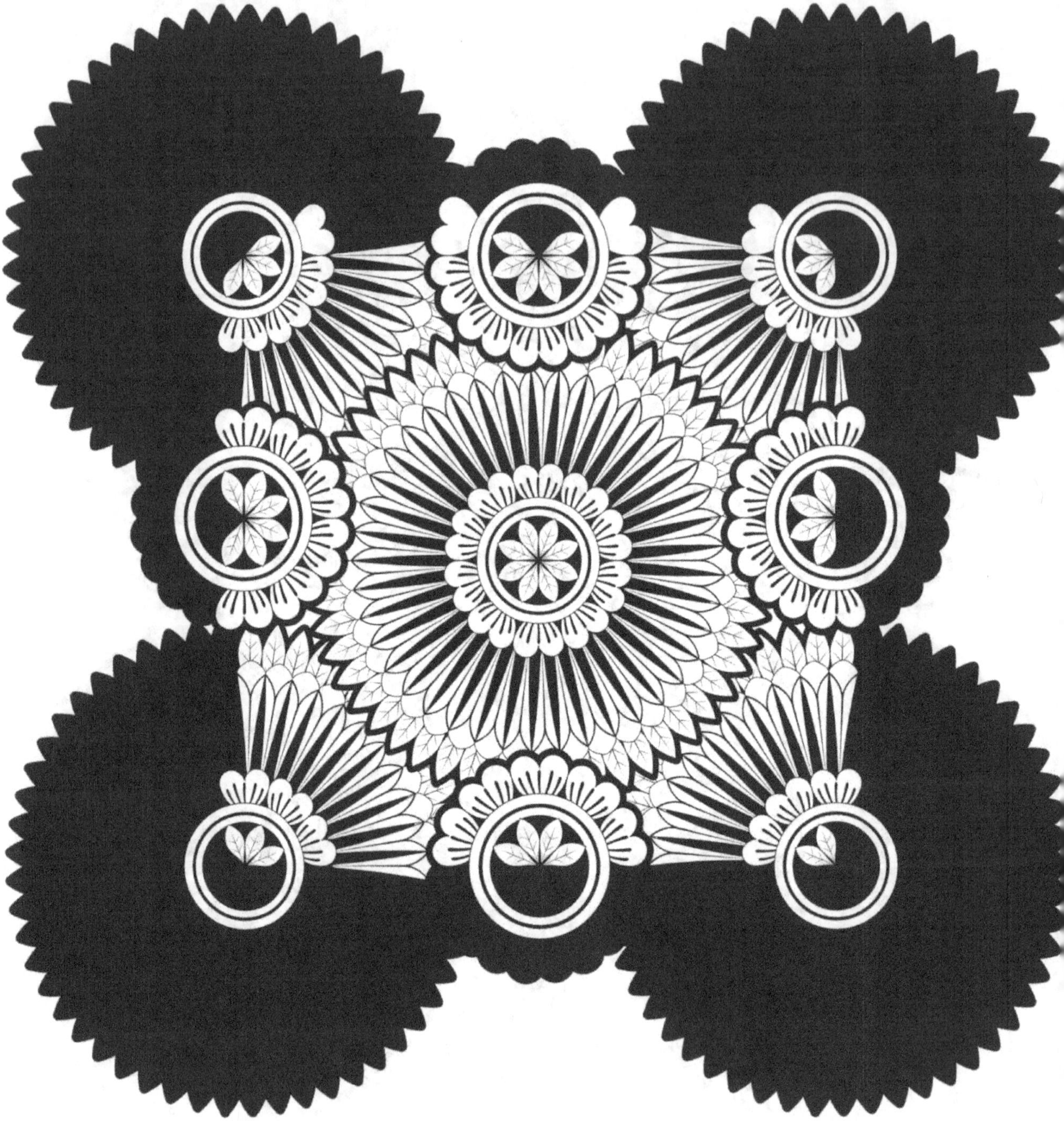

www.ingramcontent.com/pod-product-compliance
Lightning Source LLC
Chambersburg PA
CBHW080944290526
45795CB00007BA/2891
* 9 7 9 8 8 7 9 7 9 9 9 8 9 *